ÉPITAPHE

DE NAPOLÉON,

PAR G.-J. LAUBIGNAT, PÈRE.

Prix : 50 c.

A GANNAT,
Chez M. BOURROUX, libraire.

1845.

DEDICACE.

Monsieur le marquis de BELLENAVE, *ancien gentilhomme honoraire de la chambre, sous Charles X.*

Monsieur de Bellenave,

Je vous prie de ne pas recevoir avec dédain, l'hommage que je vous fais de mon *épitaphe*. Je suis bien aise de trouver l'occasion, que je ne laisserai pas échapper, de vous donner un témoignage public de mon affection sincère, de mon attachement respectueux, depuis long-temps fondé sur une gratitude que les années n'ont pas affaiblie. Je m'empresse de vous rendre, Monsieur, ce que j'ai pris chez vous; j'y appris de bonne heure qu'il fallait aimer la religion et pratiquer la vertu. Dans votre bibliothèque, je me trouvai au milieu de richesses scientifiques et littéraires. Si je ne pus, comme l'abeille, emporter un butin précieux de science et de littérature, je m'en allai du moins, avec un petit fonds d'idées, d'images et d'expressions, composant mon petit avoir littéraire, que je mis soigneusement en réserve dans un coin de l'intellect.

Veuillez, Monsieur, laisser entrer mon *épitaphe* dans votre salon. Elle ne mérite pas les honneurs d'une bibliothèque; mettez-la seulement sur la console, à côté de l'*Almanach de Milan*.

J'ai été téméraire, car le sujet est grand : pour peindre Napoléon, il faut un Tacite.

Agréez, Monsieur de Bellenave, l'assurance de ma respectueuse considération.

C.-J. LAUBIGNAT PÈRE.

L'an de la véritable liberté de l'homme, 1845.

ÉPITAPHE DE NAPOLÉON.

1er ASPECT.

Il sort de la tourmente révolutionnaire comme un tourbillon de feu : ainsi s'échappe des nues embrâsées le météore brûlant.

Il a vaincu avec quarante mille Français, au pied de ces monuments, à la base desquels s'est émoussée la faulx du Temps.

Il a couru des Apennins aux Pyrénées, et il ne s'est arrêté qu'aux monts Krapach.

Il a franchi le Tage comme le Pô, la Vistule comme le Danube.

Il a mis le pied sur le seuil du Vatican ; parlé en maître dans le palais de Philippe II, et le soir il s'est reposé à Schœnbrunn.

Il a pris en passant l'épée de Frédéric, en ses mains, prix de conquête, trophée de victoire.

2e ASPECT.

Il court, heurte rudement contre le Kremlin, et là, il tombe épouvanté.

Il voit l'incendie de Moscow, comme Alexandre avait vu l'embrâsement de Persépolie, et Attila celui d'Aquilée.

Il assiste à la catastrophe lugubre du drame sanglant qu'il faisait jouer sur le théâtre de l'Europe, à la face du monde.

Il fuit devant le spectre du *froid* et de la *faim*, ministres muets du courroux céleste : Tel Sennachérib s'enfuyait à la vue de l'ange *exterminateur*, jonchant les champs de la Palestine de cadavres assyriens.

Cet homme invaincu fuit encore à Waterloo, devant Wellington, comme à Pharsale Pompée s'était enfui de devant César, sans que pour cela Wellington soit César.

Néanmoins, terrible comme le *géant des tempêtes* (*), il suspend un moment, au mi-

(*) Fiction du Camoëns.

lieu de la Champagne, la marche de l'armée européenne, qui semblait triomphante.

3e ASPECT.

Etait-il fort comme Jacob, pour lutter contre un ange? Et cependant, cet homme, frêle roseau devant l'Etre des êtres, veut lutter contre le Tout-Puissant.

Or, que sont devenus les soldats de ce « foudre de guerre » innombrables comme ceux de Xercès, qui, la superbe sur le front, la colère dans l'œil, le blasphême à la bouche, foulaient la terre avec dédain, menaçant le ciel? Ils se sont écoulés bien vite devant la face du Dieu des armées, semblables à ces torrents d'un jour, fils bruyants et impétueux des orages printaniers.

Or, qu'est devenu ce *Roi de Rome* qui devait faire descendre au rang humiliant de *seconde ville de l'empire*, la métropole du monde catholique; roi sans sceptre, monarque sans puissance? La métropole n'a rien perdu de sa splendeur, mais le prince est maintenant hélas! le triste jouet de la mort.

4e ASPECT (*) (*aspect rétrograde*).

Ce *soldat heureux* ceint fièrement son front de ce vieux diadême qu'avec gloire avaient porté soixante rois, et il met avec audace sur sa tête, cette grossière couronne de Didier, tout imprégnée de la rouille du temps.

Il arrache aux tempêtes, d'un bras d'Hercule, le vaisseau de l'État, que menaçait un affreux naufrage.

Nouveau Cyrus, il replante la croix du Christ sur le sol catholique de France, et il relève les autels du vrai Dieu.

Comme un autre Justinien, il érige un

(*) L'auteur ne s'astreint nullement à observer l'ordre chronologique.

monument « plus durable que le bronze (*), » parce qu'il porte sur un stylobate indestructible, la raison de l'homme et le savoir humain.

5e ASPECT.

Il a brillé quelques instants sur l'horizon politique, comme ces globes errants qui scintillent au haut des airs, puis descendent et s'enfoncent dans les profondeurs de l'espace.

Dans un siècle d'athéisme, il fut le dieu de l'athée; car, lorsque l'homme superbe, haineux, ingrat, expulse Dieu de son cœur, il faut qu'il divinise le marbre ou déifie le vice.

Son amitié ressemblait à la haine, sa politique au machiavélisme, et sa religion au fatalisme.

Il dévorait sa proie comme le lion.

(*) *Ære Perennius*. Horace.

Ses lauriers sont teints de sang.

Les épouses en pleurs ne jetteront point de fleurs sur sa tombe, et les mères dont il déchira le cœur, n'appendront point de guirlandes à son image.

6e ET DERNIER ASPECT.

C'était un génie sans boussole, sa volonté était sans régulateur.

Ses projets immensurables n'étaient que des rêves de malade : leur exécution entreprise avec fracas, eut produit le dépeuplement des états, la subversion de la morale, la ruine de la fortune publique.

Il éleva à grands frais un édifice immense, irrégulier dans la forme, difforme dans les proportions, bizarre dans l'ensemble, et dont les diverses parties, péniblement assemblées, n'étaient liées par aucun ciment. Un coup de vent assez fort survint, l'édifice craqua, croula, et la terre au loin fut couverte de débris.

Cet homme fameux, qui était monté au comble de la grandeur terrestre, que des flots d'admirateurs élevaient jusqu'aux nues, est maintenant seul, dépouillé de puissance et de gloire, *à quarante pieds sous terre*, dans une île déserte de l'Océan Atlantique.

Ainsi, il n'est plus, cet homme formidable qui châtiait les peuples, punissait les rois et tourmentait les papes; qui passa sur la terre comme le torrent qui ravage, l'embrâsement qui dévore, la foudre qui brise et consume.

NOTA.

Cette épitaphe avait déjà son vêtement dans le cerveau de l'auteur, comme Pallas était armée dans celui de Jupiter, quand des enthousiastes par calcul firent transporter à Paris, aux frais de la nation, le corps de Napoléon, comme pour être le *Palladium* du royaume de France.

Il paraît qu'il est de mode, dans ce siècle singulier, de troubler le repos des morts. Sous Napoléon, le corps de l'homme vivant était *de la chair à canon;* sous Louis-Philippe, le corps de l'homme mort est de la chair à scalpel.

FIN.

Clermont, imp. de Perol.

www.ingramcontent.com/pod-product-compliance
Lightning Source LLC
LaVergne TN
LVHW010329230826
846091LV00009B/3793